소리·스물하나

빠알리 경, 우리의 의지처

말한이 활 성 | 엮은이 김 용 호

고요한소리

일러두기

* 이 책은 활성 스님께서 1995년 8월 16일 서울 〈고요한소리〉, 1995년 10월
  6일 서울 〈고요한소리〉, 2007년 11월 11일 〈고요한소리〉 역경원에서 하신
  법문을 김용호 박사가 엮은 것으로 이번에 활성 스님께서 다시 첨삭하여
  펴낸다.

차 례

1. 빠알리*Pāli* 경전

빠알리 경전

여러분, 불교공부를 하고자 할 때 어떤 경전을 중심으로 삼아야 할지 함께 생각해 봅시다. 예전에는 한문으로 된 대승경전을 보는 것이 여간 벅찬 일이 아니었는데, 이제 빠알리*Pāli* 경전까지 알려지다 보니 '매우 헷갈린다.'는 반응을 보이는 사람들이 많습니다. 한국에서 태어난 까닭에 불가피하게 그런 헷갈림을 겪게 되었습니다. 누구나 경험하고 있고 스님들도 마찬가지입니다.

이 혼란을 넘어서기 위해서는 우선 불교의 역사, 특

히 경전의 역사에 대한 이해가 필요할 것 같습니다. 이런 저런 경전의 내용을 놓고 가타부타 따지는 것보다는 거시적 안목에서 역사적으로 접근하는 것이 오히려 편리한 방법일 것 같습니다. 편견 없이 경전을 대하려면 불교의 역사가 어떻게 전개되어 왔는지 그리고 오늘날 우리가 접하는 불교경전이 어떤 역사적 흐름을 타고 내려온 것인지 대강이라도 알아두는 것이 도움이 될 것입니다.

빠알리 경전은 부처님 돌아가신 후 얼마 되지 않아 제1차 결집[1]을 통해 이루어집니다. 마하아깟삿빠 존자의 주도하에 경장은 아아난다 존자가 구술하고, 율장은 우빠알리 존자가 구술했다고 합니다.

---

1 부처님 돌아가신 직후인 BC 544년 왕사성*Rājagaha*의 결집에서 처음 편집됨.

이후 빠알리 경전은 아소카*Asoka* 왕(재위 BC 268~ 232) 때 스리랑카에 전해집니다. 아소카 왕이 일찍이 어떤 지역에 총독으로 가 있었는데, 그때 얻게 된 서출 아들 하나가 성장 후 출가해서 아소카 대왕 앞에 나타 납니다. 아소카 왕은 승려가 된 아들을 스리랑카로 파 견합니다. 그분이 마힌다*Mahinda* 스님입니다. 그리고 상가밋따*Saṅghamittā*라는 딸도 있는데, 그 딸도 스리랑 카에 보냅니다. 그분이 보리수를 처음으로 스리랑카에 전한 비구니입니다. 이처럼 불교는 아소카 왕의 자녀 들에 의해 스리랑카에 전해진 것입니다.

빠알리 경전은 암송으로 구전되어 왔는데, 그것이 문자로 기록된 것은 인도에서가 아니라 스리랑카에서 입니다. 서기전 1세기, 즉 부처님 돌아가시고 500여 년

이나 지나서 처음으로 문자로 옮겨졌습니다.[2]

빠알리 경전은 경經·율律·론論, 삼장三藏 *Tipiṭaka*으로
구성되어 있습니다. 그 중 부처님 가르침의 핵심이 들
어있는 것이 경장經藏 *Sutta Piṭaka*입니다. 경장은 《장부
Dīgha Nikāya》, 《중부*Majjhima Nikāya*》, 《상응부*Saṃyutta
Nikāya*》, 《증지부*Aṅguttara Nikāya*》, 《소부*Khuddaka
Nikāya*》 등 5부로 구성되어 있습니다. 다섯 니까아야
*Nikāya*입니다.

다섯 니까아야 중에 첫 번째가 《장부長部》인데 비교
적 길게 또 체계적으로 하신 말씀들의 모음입니다. 두
번째가 《중부中部》인데 이름처럼 《장부》보다 좀 짧은

---

2 왓따가아마니*Vaṭṭagāmanī* 왕의 최종 년인 BC 17년.

경들을 담은 것입니다. 산중에 있는 수행자들에게 너무 번거롭지 않도록 꼭 필요한 것을 압축해서 담아 놓았다고 할 수 있습니다. 그래서 어떤 학자는 《장부》는 재가자들을 위한 법문이고, 《중부》는 숲속에서 혼자 공부하는 수행자들을 위한 법문이라고 말하기도 하는데 반드시 그런 것만은 아닐 겁니다.

거기에 비하면 세 번째《상응부相應部 Saṃyutta Nikāya》는 주제별로 짧은 글들을 모아 놓은 경입니다. 예를 들어 〈니다아나 상윳따Nidāna Saṃyutta〉는 〈인연품因緣品〉, 즉 '인연에 관한 이야기들'인데 부처님이 45년간 설하신 법문 가운데 인연에 관한 이야기들을 모아 놓은 것입니다. 상윳따Saṃyutta라는 말 자체가 '함께 묶은 것', '상응相應한 것, 주제별로 모은 것'이라는 말입니다. 그 다음 네 번째가 《증지부增支部》입니다. 《증지부》는 법수法數에 따라 모은 것입니다. '하나'의 모음에서 '열하나'의 모음까지 법수에 따라 부처님 말씀들을 모은 경이 《증지부》입니다. 예를 들어 사정근四正勤[3]은 넷의 모음에, 오개五蓋[4]는 다섯의 모음에 들어 있습니다.

이 네 가지 니까야에 대응하는 한역 아함경阿含經이 전해져 오는데 《장아함長阿含》은 《장부》에 대응하고, 《중아함中阿含》은 《중부》에 대응합니다. 그리고 《잡아함雜阿含》이 《상응부》에 해당되는데, 여기서 잡雜

---

3 사정근四正勤: "아직 일어나지 않은 악한 생각은 일어나지 않도록 하고, 이미 일어난 악한 생각은 제거하도록 하고, 아직 일어나지 않은 선한 생각은 일어나게 하고, 이미 일어난 선한 생각은 증장하게 한다." 《증지부》 4:13, 〈노력 경*Padhāna Sutta*〉

4 오개五蓋: 무명을 키우는 다섯 장애. 감각적 욕망*kāmacchanda*, 악의*vyāpāda*, 해태와 혼침*thīnamiddha*, 들뜸과 회한*uddhaccakukkucca*, 회의적 의심*vicikicchā*. 《증지부》 5: 51 〈장애 경*Āvaraṇa Sutta*〉

은 주제별로 여러 가지를 모아 놓았다는 뜻입니다. 네 번째 《증지부》에 해당하는 것이 《증일아함增一阿含》입니다. 네 아함은 다섯 니까야의 앞 네 가지와 구성면에서나 의제議題가 거의 같습니다.

그런데 아함경과는 달리 빠알리 경전에는 《소부小部 Khuddaka Nikāya》가 하나 더 있습니다. 《소부》는 15가지 경으로 이루어져 있지요. 여러분이 잘 아시는 《법구경Dhammapada》, 《숫따니빠아따Suttanipāta》, 《장로게송집Theragāthā》, 《장로니게송집Therigāthā》, 《감흥어Udāna》, 《여시어경如是語經 Itivuttaka》, 《본생담Jātaka》 등이 전부 《소부》에 들어 있습니다.

이런 니까야 중에서 학자들 의견이 한결같이 일치하는 부분이 있는데 《상응부》, 특히 그 앞부분은 부처님 경전 중에 가장 오래되었다는 겁니다. 《상응부》

가 가장 연조年條가 깊은 경이라는 점에는 이의가 없는 것 같습니다. 그 때문에 《상응부》를 중요시 합니다. 어떤 분은 '불교경전 중의 경전이 《상응부》'라고까지 말합니다. 그렇지만 불교 최고最古의 경으로 일컬어지는 《숫따니빠아따》를 포함하는 《소부》의 중요성도 간과되어서는 안 되겠습니다.

빠알리란 ?

'빠알리'는 원래 '경전' 그 자체를 가리키는 말이었는데 후에 '경전 언어Pāli Bhāsā'라는 뜻으로 바뀌게 되었습니다. 주석서가 아닌 '본류, 본장, 본 텍스트'로서 삼장의 내용이 빠알리입니다. 그러니까 빠알리어라 하면 이 빠알리를 전하는 '경전 언어'인 것입니다.

그런데 언어적 측면에서 지속되는 논쟁이 있습니다. 남방에서 주장하는 바로는 1차 결집부터 빠알리어로 했다는 것이지요. 빠알리어가 바로 '부처님께서 생전에 쓰시고 마아가다에서 1차 결집할 때 사용했던 언어다.'라고 주장하고 있는 것입니다. 빠알리어, 정확히 말해 빠알리 경전에 사용된 언어는 부처님 당시 마아가다 지방의 일반인들이 사용하던 고전 쁘라끄리뜨어 *Prakṛt* 였다는 것이 통설이고 고대 베다어Vedic에 가까운 언어라고 합니다.

그러나 학자들에 따라서 이견異見이 분분하여 어떤 이들은 부처님께서 왕사성이 있던 마아가다국에서 활동을 많이 하셨고 1차 결집이 마아가다에서 이루어졌으니 고대 마아가다어가 빠알리어 아니겠느냐고 추측하는 겁니다. 하지만 마아가다어에 대한 연구는 아직도 안개 속을 헤매는 형국입니다. 고대 인도 역사가 베

일에 가려져 있는 만큼이나 가려져 있지요. 또 스리랑카에 경을 전한 마힌다 스님을 중심으로 보는 추측도 있습니다. 빠알리어는 당시 마힌다 스님이 태어나서 성장했던 인도 중서부 뭄바이보다 조금 북쪽 지방에서 쓰이던 지방 언어가 아니냐 하는 추측입니다.

그래서 '부처님은 빠알리어로 말씀하신 게 아니라 마아가다어로 말씀하셨다'느니, '마아가다어 중에서도 반半 마아가다란 뜻의 아르다 마아가다어*Ardhamāgadhī*를 쓰셨다'느니, 그와 반대로 '자이나교에서 쓴 언어가 아르다 마아가다어이고 부처님이 쓰신 언어는 마아가다어일 것'이라느니, '마아가다어와 빠알리어가 대단히 가깝거나 또는 같은 것이다'라는 등등 구구합니다. 빠알리어의 정체가 무엇인가? 어디서 생겼고 누가 썼고 또 석가모니와의 관계는 어떠한가? 여기에 대해서는 아직 정설이 없습니다.

한편 우리에게 익숙한 대승경전은 처음부터 산스크리트어로 편찬된 것입니다. 빠알리어로 쓰인 경은 스리랑카를 중심으로 남방불교권에서 독송되고 보존되어 오는 것뿐입니다. 그 이외의 모든 경, 심지어 원시경전이라고 알려진 부파불교의 《아함경阿含經》마저도 원어가 산스크리트어였습니다. 부처님은 살아생전에 당신의 가르침을 베딕 산스크리트어로 옮기자는 제자들의 건의를 엄중하게 거부하셨다는 이야기가 경[5]에도 나옵니다. 그만큼 산스크리트어로 아함경이 다듬어진 것

---

5 부처님은 제사의식에 쓰이는 베딕 산스크리트어로 옮기지 말라고 엄중하게 말씀하시고 이를 어기는 것은 율律에 저촉된다고 하시면서 그 대신 "비구들이여, 나는 각자의 지방어로 부처의 말을 배워 익힐 것을 규칙으로 정한다*Anujānāmi bhikkhave sakāya niruttiyā Buddhavacanaṃ pariyāpuṇitunti.*"라고 선언하셨다. 〈각자의 지방어로 *sakāya niruttiyā*〉, 《율장*Vinaya*》 II, 〈소품*Cullavagga*〉, PTS, 139쪽.

은 훨씬 후대에 와서나 가능했던 일입니다.

산스크리트어는 대단히 긴 역사를 가진 언어라서 우여곡절이 많고 변천이 심합니다. 인도 바라문 제사 문화가 베다로 결집되어 있는데, 그 베다에 쓰인 베딕 산스크리트어로부터 시작해서 우파니샤드 시대의 중세 산스크리트어를 거쳐 후대의 고전 산스크리트어에 이르기까지 변화가 아주 많아서 산스크리트어를 공부하는 데만도 많은 세월을 바쳐야 합니다.

그러면 산스크리트어와 빠알리어와의 관계는 어떠한가? 지금까지 주된 학설은 산스크리트어가 공식 표준 문법어이고, 빠알리어는 '어떤 지방언어, 즉 방언'이라는 주장입니다. 하지만 확인은 되지 않았습니다. 산스크리트어를 중심에 놓고 빠알리어를 지맥으로 보았기 때문에 빠알리어를 알려면 산스크리트어와의 관계부터 추적해 가야 한다는 생각이지요. 그래서 많은 분들이 빠알리어 공부를 하면서 산스크리트어도 함께 공부하고 있습니다.

그런데 저에게는 큰 궁금증이 있습니다. 빠알리어는 출발에서부터 불교와 불가분의 인연을 가진 특수한 언어가 아닐까 하는 생각입니다. 따라서 산스크리트어에 종속되는 곁가지가 아닌 독자성을 가지고 있는 언어가 아닐까 하는 겁니다. 나아가 나중에는 빠알리어가 오히려 빠아니니*Pāṇini* 식 산스크리트어, 즉 고전 산스크리트어 조성에도 영향을 준 것이라는 학설도 있기 때문입니다.[6] 이런 언어 이론들의 차이는 단순히 언

6 빈터니츠M. Winternits, 《인도 문학사*History of Indian Literature*》, 1908, vol. I. 38쪽, 참조.

어론에 그치지 않고 불교를 브라만교의 부속물로 볼 것이냐, 전적으로 새로운 가르침으로 볼 것이냐 하는 견해 문제와도 깊이 연관될 수 있으므로 가벼이 단정해서는 안 된다는 생각입니다.

스리랑카와 빠알리 경전

아소카 왕이 출현하여 부처님 법을 사바세계에 널리 전파함으로써 불교가 세계사적으로도 의미 있게 전개되기 시작했습니다. 그 이후 인도에서는 불교가 부침浮沈을 거듭하다가 결국 쇠퇴하게 됩니다. 대신 스리랑카가 불교의 성지聖地로 등장합니다. 마힌다 스님이 스리랑카에 불교를 처음 전한 것이 기원전 3세기 때의 일입니다. 스리랑카에 전래된 이후 순탄하게 발전을 거듭하던 불교는 기원전 1세기 후반에 인도대륙에서 건너온 힌두교도인 타밀 침략자들의 박해로 수많은 스님들이 목숨을 잃고 승가의 존립이 위태로운 지경까지 이르게 되었습니다. 빠알리 삼장三藏도 그때까지 구전으로만 전승되어 왔는데 스님들의 숫자가 급격히 줄어들면서 경전을 암송하는 전통마저 위협받는 상황에 처하게 되기도 했습니다.

뿐만 아니라 스리랑카에 대승의 전통이 들어서기도 했지요. 대승불교 계통의 종파가 들어가서 기성의 상좌부와 격심한 각축전을 벌이기도 했는데 이것이 유명한 대사파大寺派 *Mahā Vihāra*와 무외산사파無畏山寺派 *Abhayagiri Vihāra*의 갈등이지요. 큰 절이라는 뜻의 마하 위하아라는 빠알리 상좌부 전통의 본거지였는데, 이 대사파와는 달리 새롭게 들어온 대승 계통의 무외산사파가 왕의 후원을 받아 절을 세우고 큰 세력을 얻어 격심한 경쟁이 벌어집니다. 무외산사파가 대승계니까 당연히 산스크리트어를 썼겠지요. 이 사건들은 빠알리 경 전통의 입장에서 볼 때 일종의 심각한 법난을 겪은 셈이 되겠습니다.

법난을 당할 때에는 스님들이 난을 피해서 겨우 연명하다 보니 공공연히 제자들도 못 만나고 법을 설할 기회도 없었겠지요. 경은 스님이 주관해 전해오는 것이었으니까 경이 일실逸失 될 위험도 그만큼 컸다는 얘기지요. 이런 시련을 겪으면서도 부처님의 가르침을 후대에 전해야 한다는 사명감으로 스님들이 빠알리 삼장을 가까스로 보전해낼 수 있었지요. 그 후 스리랑카 불교는 수행의 지침이 되는 경전이 있어야 수행도 가능하다는 점에서 경전 보전을 우선시하게 되었고 그러다 보니 교학에 큰 비중을 두게 되었습니다. 빠알리 경은 그 후 별다른 변고 없이 지금까지 온전히 전해져 오고 있습니다.

스리랑카에서 경을 문자로 새기는 시도도 일찍부터 시작되었습니다. 언제부턴가 스리랑카 사람들은 '부처님 법이 끊어지지 않도록 잇는 중대한 역할을 우리가 맡아야 한다.'는 원을 세웠습니다. 대승불교권에서 말하는 성불하는 것도 중요하지만, 더 중요한 것은 '부처님 법이 끊어지지 않도록 보호하고 전승하는 데 있다.'고 생각한 겁니다. 스리랑카 불교는 경을 받아 지녀 잊지 않고 기억하며 보존하고 또한 문자로 새기는 일을 최우선 임무로 삼아 총력을 기울이게 됩니다. 그것이 스리랑카 불교의 특색을 결정짓게 되었지요. 스리랑카에서는 경을 유지해야 한다는 사명감이 대단히 강해서 승가뿐만 아니라 일반 국민들의 의식 속에도 깊이 박혀 있습니다.

한때 타밀족이 수도까지 정복하여 싱할라족을 지배한 일도 있었지요. 당시 싱할라 정치지도자들이나 군인들이 아무리 독립운동을 부르짖어도 국민들이 호응도 하지 않고 단결이 잘 되지 않았습니다. 그때 국민들을 규합한 방법이 무엇인가 하면 '부처님 정법을 수호해야 한다, 아니면 이 법이 끊어진다.'고 호소하는 것이었습니다. 이 호소가 통하여 국민들을 다시 규합할 수 있었습니다. 이처럼 빠알리 경을 보존하겠다는 사명감은 스리랑카 사람들에게 오래된 전통으로 이어지고 있습니다.

오늘날 태국, 미얀마, 캄보디아, 라오스 같은 나라

들의 불교경전은 모두 스리랑카에서 간 빠알리 경입니다. 인도에서 간 게 아닙니다. 그렇듯 스리랑카는 빠알리 경전을 보호하기 위하여 역사적으로 아주 독특한 역할을 맡아서 잘 수행해 왔습니다. 그 덕분에 빠알리 불교가 지구상에서 사라지지 않았습니다. 그뿐 아니라 오늘날 불교가 세계화되는 발판이 되었습니다.

불교의 확산

마치 못에 돌을 던지면 물테가 번져 나가듯이 불교도 탄생 이래 수차례에 걸쳐 확산의 과정을 거쳐 왔습니다. 부처님이 던지신 불법의 물결이 넓게 퍼져 왔는데 오늘날은 더욱 널리 그리고 활발하게 퍼져 나가는 새로운 단계에 도달하였습니다.

부처님이 처음 만드신 법은 인도 전역에 전파되고 다시 동남아 그리고 서역으로 번졌고, 마침내는 중국에까지 퍼져나갔습니다. 인도와 인도 주변을 포함하는 인도 문화권에 퍼진 것이 일차 전파입니다. 이때 인도로부터 퍼져나간 빠알리 경이 스리랑카에서 보존됩니다. 다음으로는 인도 문화권을 벗어나 중국이라는 전혀 다른 문화권에까지 들어가 큰 영향을 미쳤습니다. 세월은 많이 걸렸고 애로도 많았지만 중국에서 대승 경전을 중심으로 한 팔만대장경까지 갖추게 되었습니다. 제2단계 전파입니다.

다시 천여 년이 지나서 인연은 묘하지만 유럽에까지 불교가 들어가 역경 사업을 일으켰습니다. 이것이 제3단계의 물결이라 하겠습니다. 영국은 스리랑카와 인도를 점령한 걸 계기로 오히려 불교의 세례를 받게 되었습니다. 그 후 자기네 언어로 번역하는 데 혼신의 힘을 기울이고 백 년 넘게 꾸준히 역경을 하고 있습니다. 영국 빠알리 성전협회Pali Text Society(PTS)라는 단체를 중심으로 역경 사업이 전개되었습니다. 네덜란드, 프랑스, 독일, 덴마크에서 각각의 언어로 역경이 진행되고 있습니다. 이제 유럽에서도 불교가 영국파와 대륙파로 구분될 정도로 학문적 경향을 달리하면서 상당히 활발하게 전개되고 있습니다.

오늘날 세계어인 영어로 번역되는 것은 중요한 의미가 있습니다. 불교경전이 세계어로 번역되었다는 것은 물테의 확산 과정으로도 뜻깊은 국면입니다. 또한 불교가 글로벌화 될 계기를 맞았다는 점에서 신기원을 의미합니다. 이제 불교경전은 영어를 통해서 전 세계 관심 있는 모든 사람들이 읽을 수 있게 되었습니다. 불교는 이제 지구적인 가르침이 되어가고 있는 것입니다.

   이상 간략하게 살펴본 경전과 불교의 역사를 바탕
으로 우리가 생각해 봐야 할 몇 가지 주제들에 대해
짚어보고자 합니다.

2. 아함경과 중국불교

아함경

부파불교部派佛教[7] 시대에 조성된 산스크리트어 경을 아아가마Āgama라 부르는데, 그것이 중국에서 한역되어 아함경으로 전해지고 있습니다. 아함은 아아가마를 한자로 음사한 것입니다. 하지만 경들이 중국에 전해질 때 동시에 체계적으로 전해졌던 것은 아닙니다. 부파불교시대 여러 부파의 경들 중에서 《중아함》과

---

7 부파불교部派佛教: 불멸佛滅 후 100년경에 계율 문제로 보수적인 상좌부와 진보적인 대중부가 분열되고 그 후 다시 11부와 9부로 분열됨. 당시 논서 저술 활동이 활발했음.

《잡아함》은 설일체유부說一切有部[8]의 것이 전해져 현재까지 남아 있고 《장아함》은 법장부法藏部의 경, 《증일아함》은 대중부 계통의 경이라고 합니다.

아함경 이외의 대승경전들은 각각의 철학적인 입장에서 부처님 말씀을 재해석한 것이라 볼 수 있습니다. 반야부, 방등부, 화엄부, 법화부 등에 실린 경은 그 양도 방대하고 다양합니다. 가령 《반야경》하면 한 가지가 아니고 반야부 경들이 참 많습니다. 중국에 《법화경》 번역본만 해도 여러 가지가 있지요. 이처럼 대승경전들이 후기 밀교 계통을 포함하여 수없이 많은데 크게 나누면 대여섯 그룹입니다. 대승불교에서는 아함부

---

8 설일체유부說一切有部: 불멸佛滅 후 300년경 상좌부에서 파생. 보통 유부라 부르며, 중국에서 '소승'이라 칭할 때 주로 이 파를 겨냥한 것임. 아공법유我空法有, 삼세실유三世實有, 법체항유法體恒有, 만법을 5위 75법으로 분류함.

를 그런 큰 그룹의 하나로서 본다는 겁니다. 《아함경》은 인도에서 전해진 원본은 남아 있지 않고 한문으로 번역된 것만 있습니다. 아함을 일반명사처럼 써서 빠알리어로 쓰여진 남전대장경南傳大藏經까지도 《아함경》이라 부르는 경우도 있습니다. 중국의 대승불교가 경들을 분류하면서 아함경 그룹을 세웠으니까 빠알리 경도 이 《아함경》에 편입시켰지요.

그렇다면 이 《아함경》과 빠알리 경은 어떤 차이가 있는가? 《아함경》은 다른 대승경전들에 비하면 빠알리 경과 거의 같은 경이라 할 만큼 유사합니다. 두 경이 부처님 살아생전의 말씀들을 나름대로 지켜온 것이어서 문학적으로 각색하거나 그다지 가필한 것은 아니니까 비교적 비슷합니다. 그렇긴 해도 자세히 보면 상당한 차이가 있습니다. 구성면에서도 앞서 이야기했

듯이 아함부는 《장아함》, 《중아함》, 《잡아함》, 《증일아함》 네 아함만 전해옵니다. 반면 빠알리 경은 《소부》를 포함하여 다섯 니까아야가 전해옵니다. 내용면에도 꽤나 차이점이 있는 걸 보아 《아함경》이 빠알리 경에서 직접 번역된 것은 아니라는 사실이 분명해 보입니다.

중국이 처음 불교를 수용할 때는 《42장경》이나 《아함경》도 소개되었습니다. 《아함경》이 역경은 되었습니다만 원력을 가지고 《아함경》에 주력하여 설하는 분들은 별로 없었습니다. 역경한 사람들이 정말 전하고 싶었던 것은 부처님 원음이 담긴 초기경전이라기보다 대승경전이었다고 봅니다. 여기에는 여러 가지 연유가 있겠으나 무엇보다 중국 문화의 특성도 많이 작용했겠지요.

중국은 전통적으로 유교와 도교를 양축으로 삼아온 문화입니다. 그런데 유교는 현실 중심적이어서 초탈한 맛이 적고 도교는 초탈한 맛은 있는데 체계성이 적지요. 인격 완성을 도모하는 유교 수행법과 무위자연無爲自然을 추구하는 도교 수행법이 전혀 다르다는 것이 중국인들의 최대 고뇌였다고 할 수 있지요. 그러다가 새로이 들어온 불교가 유교의 답답함도 풀어주고 도교의 비체계성, 비단계성도 풀어줄 수 있었습니다. 중국에서 불교를 받아들이게 된 것은 무엇보다 불교에 체계적 수행법이 있었기 때문입니다. 유교나 도교나 제각각에서 불교를 많이 흡수했습니다. 유교는 유교대로 도교는 도교대로 불교를 흡수해 자기네 수행 방법의 기축으로 삼았던 것 같습니다. 선종禪宗이나 성리학 등은 불교라는 충격을 중국인들이 창조적으로 수용한 결과물인 셈입니다. 마침내 불교가 수용되고 나서 중국 지식인들은 유교, 불교, 도교, 삼교를 통합하여 한 몸에 지니는 것을 전통으로 삼게 되었습니다.

중국은 일부 예를 제외하면 주로 비단길을 통해서 불교를 수용했습니다. 서역을 통해서 들어왔다는 것인데, 당시 서역 사정을 보면 초기에는 설일체유부說一切有部가 성했습니다. 세친보살世親菩薩도 설일체유부에 입문했다가 《구사론俱舍論》을 쓴 이후 입장을 바꾸어 대승 쪽인 유식唯識[9]으로 넘어가지요. 이런 세친보살의 변화가 의미하는 바는 많겠지만 언어의 면도 무시할 수 없다고 봅니다. 만일 유부가 산스크리트어를 쓰지 않고 빠알리어를 썼다면 세친보살의 입장이 그리 쉽게

---

9 유식唯識: 심식心識만이 진실이고 모든 대상은 마음이 빚어낸 허상에 불과하다는 설로 유부와 대치됨. 유부가 소승을 대표하는 데 반해 유식사상은 용수보살의 중관사상中觀思想과 더불어 대승을 떠받치는 양대 대들보임.

바뀔 수 있었을까요?

　서역에서 설일체유부가 성하다가 그 다음에는 대승이 성하게 됩니다. 바로 그 대승이 성할 때 서역의 대승 학자들이 중국에 와서 역경을 해준 것입니다. 게다가 대승경전도 어느 한 시대에 한꺼번에 들어온 게 아닙니다. 거의 천년 세월에 걸쳐서 분산되어 들어옵니다. 인도에서 중국으로 대승경전이 들어올 때마다 그때그때 베스트셀러가 되면서 낙양의 지가紙價를 올려주었다고 하지요.

불교의 중국화와 선종

　중국 천태종 개조인 지의智顗 천태대사天台大師

(538~597)는 불교 교학을 중국화 한 대단히 창조적인 분입니다. 천태대사가 불교를 교학 중심으로 중국화 했다면, 백년 후 육조六祖 혜능慧能대사(638~713)는 불교를 수행 중심으로 중국화 했지요. 그 두 분이 불교의 중국화를 이루어낸 대표적 인물이라 할 수 있습니다. 천태대사는 교리 면에서 불교를 중국화 하는 천재성을 발휘하여 오시팔교五時八敎 등 독특한 교상판석론敎相判釋論을 폅니다. 뿐만 아니라 수행면에서도 '천태지관天台止觀'이라 불리는 관법觀法을 세웠습니다. 그 관법은 인도의 사마타samatha와 위빳사나vipassanā 두 전통을 지止와 관觀, 즉 지관법止觀法으로 중국화 하여 소개한 것입니다. 이처럼 천태대사가 창조적 노력을 기울임에 따라 중국불교가 수행과 교리 양면에서 기반을 갖추게 되었습니다.

그러나 천태학은 다소 번거로운 흐름을 면치 못하여 이론이 복잡다기해지는데 이에 대한 반발로 '수행하는 데 그 많은 복잡한 교학이 뭐 필요한가, 좀 놓자, 논리는 그만두자, 부처님 가르침이 마음 닦는 것이라면 마음부터 한번 닦아 보자.'는 경향이 대두하게 됩니다. 소위 불립문자不立文字하고 마음을 오롯이 참구하고자 하게 됩니다. 이렇게 실 수행 면에서 불교를 중국인 체질에 맞게 변혁하는 일은 육조 혜능대사가 했습니다. 혜능대사의 선정 수행법을 따라 육조 문하에 많은 수행자들이 나오고 후대에 갈수록 세력을 얻다 보니 선종이 중국불교의 주된 흐름을 이루게 되었습니다. 그리하여 대승불교를 기반으로 불교가 본격적으로 중국화 됩니다. 사정이 그러하다 보니 부처님 원래 가르침인 빠알리 중심의 근본불교와는 거리가 멀어질 수밖에 없었습니다.

지금도 대승경전을 두고 불설佛說이니, 비불설非佛說이니 하는 논의가 끊이지 않습니다. 남방에서는 대승경전을 아예 '불교 문학Buddhist literature' 정도로 치부합니다. 하지만 북방에서는 소의경전所依經典인 대승경전을 비불설이라고 받아들이고 넘어갈 수는 없잖습니까. 그래서 처음에는 대승경전이 불설이라고 강력히 주장했지만 근래에 와서 빠알리 경전이 알려지면서 그렇게 우기지는 않고 소승은 부처님의 말을, 대승은 부처님의 마음을 담고 있다고 주장하게 되었습니다. 하여튼 남방불교와 북방불교 사이에 그동안 소통이 원활하지 않았기 때문이라고 봐야겠지요.

　또한 불교가 중국에 처음 들어오던 때에는 대승경들이 하나하나 들어와 각기 참신한 특색을 발해서 별문제가 없었는데 나중에는 많이 들어와 쌓이고 보니까 경들이 서로 상충하는 것이 문제가 됩니다. 이 경은 이 경대로 저 경은 저 경대로 경마다 중시하는 점이 다르니 당혹스러워지고 '도대체 이 경들의 전체 체계가 무엇인가?' 하는 문제가 제기됩니다. 천태대사 같은 분이 이런 문제를 풀어보고자 오시팔교론을 펴는 등 나름대로 일정한 체계를 부여하고자 애를 많이 썼지요.

그러나 일관성 없는 경들이 많이 쌓이는 수용기를 혼란 속에 보내던 중국인들이 역경 단계를 넘어 불교 수행법을 익히는 단계에 들어가면서 선종禪宗이 일어나게 되었던 것입니다. '그 복잡한 얘기 일일이 알 필요 없다, 마음 하나 보면 되는데 무슨 책을 볼 필요 있는가, 경經은 덮어버려라.' 이렇게 됩니다. 직지인심直指人心, 교외별전教外別傳이라는 말이 나옵니다. 즉 '진리는 교教 안에 있는 것이 아니라 교로는 전해지지 않고 마음에서 마음으로 비전祕傳되는 것이니까 진짜 진수를 경 안에서 찾지 않고 경 바깥에서 따로 찾는다.' 이런 식이 된 겁니다.

예로부터 중국 사람들이 책을 좋아하여 서책書冊을 대하는 태도가 매우 진지했는데 그 귀중한 경서들이 복잡하여 종잡을 수 없으니 큰 문제였고 마침내는 경을 덮기에 이르른 거지요. 그런데 경을 덮기는 하였지만 선지식이 제자를 곁에 두고 직접 지도를 했습니다. 제자와 함께 생활하면서 공부시키니까 행동 하나하나가 그대로 여법해서 계율이고 선정 공부고 조금이라도 잘못되면 그대로 경책을 하고 바로 잡아주었지요. 그런 전통 때문에 선종이 성할 수 있었습니다. 마침내 중국화한 대승불교가 한국과 일본에까지 전파되면서 불교의 아시아 북방 전파가 완성됩니다.

3. 격의불교와 토착화

어떤 문화권에서든 외부로부터 불교를 받아들일 때는 자기네 문화에 맞추어 격의불교格義佛敎를 만들어 가게 됩니다. 격의불교란 그 문화가 기왕에 갖고 있던 자기네 가치 체계와 언어로 새로 들어온 외래 불교를 이해하려는 노력을 말합니다.

예를 들어 중국을 봅시다. 중국인들에게 인도는 생판 다른 문화인데 불교를 이해하기가 쉽지 않지요. 그런데 가만 보니까 노자老子와 장자莊子가 쓰던 도교의 어휘들이 불교와 대단히 유사하여 처음에 불교를 수용하는 과정에서 도교의 언어로써 불교를 해석하고 이해하려는 노력이 대대적으로 일어납니다. 그때의 불교를 격의불교라 합니다.

오늘날 서양에서 불교를 이해하는 데에도 일종의 격의불교가 일어나고 있습니다. 서양에서 자기네들이 써왔던 신학적, 철학적, 심리학적, 과학적 용어로 불교를 이해하려는 노력을 하고 있는데, 이 역시 서양판 격의불교라 할 수 있습니다. 한국불교는 중국판 격의불교를 한국판으로 바꾸면서 수용을 했습니다. 한국의 토양과 세계관이 있으니까 어차피 다소간은 격의불교가 되기 마련입니다. 이처럼 격의에 의해 불교를 이해하려는 노력은 어디서든 불교 수용의 초기 단계에서 나타납니다. 역사적으로 볼 때 격의불교는 필연적이라 할 수 있겠지만 한편으로 부처님 원음에서 멀어지는 위험성도 내포하고 있습니다.

불교의 토착화에도 역시 부처님 원음에서 멀어지는 위험성 문제가 생깁니다. 보통은 '인도에서 불교가 없어졌다.'고들 합니다. 역사적으로 또 외형적으로는 맞는 말입니다만 다른 측면에서 보면 불교는 인도에 살아 있다고 할 수 있습니다. 인도에는 원래 바라문교가 있었고, 그것이 그네들의 '가슴'에 새겨진 기본 정서입니다. 그런데 불교라는 대단히 지성적이고 보편적이고 합리적인 가르침, 즉 '머리'의 가르침이 나왔습니다. 세월이 지나면서 인도인들은 자기네 방식으로 머리와 가슴의 조화를 이루는 작업을 합니다. 불교를 인도 토착 종교와 융합시켜서 가슴 편안하게 안주할 불교 토착화를 이루려 들게 되고 그것이 힌두교로 나타난 겁니다. 그 이전의 바라문교가 불교와 대립되는 가르침의 체계였다면 힌두교는 불교와 바라문교를 융합한 체계입니다.

인도에서 외형상 불교 자체의 모습은 사라졌지만 불교가 힌두교 속에 녹아들어 간 겁니다. 불교가 없어진 것이 아니고 인도 원래의 정서에 맞게끔 토착화되다 보니 힌두교라는 이름으로 변형되었다고 볼 수 있습니다. 힌두교에서는 지금도 부처님을 '비슈누의 제7 화신'이라고 합니다. 말하자면 부처님을 배격하거나 뿌리 뽑은 것이 아니고 자기네들의 대중적 안목에 편하게 수용되도록 적당히 왜곡한 겁니다.

한편 샹카라*Adi Shankara*(788~820)의 경우를 보면 힌두교도들이 불교를 대하는 마음이 아주 편안하지는 않고 일종의 콤플렉스가 여전히 남아있는 것처럼 보이기도 합니다. 샹카라는 스승이 불교 스님이어서 불교를 아주 깊이 받아들였지요. 그 때문에 힌두교의 완성자인데도 불구하고 그는 후대의 힌두학자들로부터 '샹카라는 힌두 의상을 입은 불자다.'라는 비난을 받습니다. 굳이 샹카라를 두고 겉모습은 힌두교이지만 내용은 불교라고까지 하는 것은 불교에 대한 힌두교도들의 자세를 드러내는 것이 아닐까요.

불교가 중국에 들어와서도 마찬가지 변화를 겪습니다. 처음에는 불교라는 머리와 중국의 가슴이 만나 갈등했지요. 그 후 불교를 유교나 도교의 전통과 통합시키려는 노력이 일어나게 됩니다. 그렇게 해서 만들어진 것이 성리학性理學과 후기 도교입니다. 성리학은 보통 유교로 이해되는데 그것은 마치 힌두교를 바라문교로 이해하는 것과 마찬가지입니다. 중국인들의 정서는 역시 유교와 도교이지요. 그런데 불교를 몇 백년간 공부하여 어느 정도 터득하다 보니, '이것을 내 것으로 만들어 마음 편안하게 누려야겠다.'고 원래 있던 유교의 틀에다가 불교를 융합시킵니다. 이때 가치관은 불교에 두고 언어는 유교에 둡니다. 중국이 받아들인 불교의 영향이 성리학의 틀로 나타났다고 볼 수 있습니다.

어쨌든 성리학이 이야기하려는 것, 성리학의 세계관은 그대로 불교와 통합니다. 그러나 언어는 전부 유교여서 외관상 불교는 배제되는 모습을 띱니다. 성리학의 대학자들이 모두 불교사찰에 들어와 수행을 해서 나름대로 한 소식을 했던 도인들입니다. 주자朱子도 그랬고 정호程顥 정이程頤 형제도 모두 절에서 공부했던 분들입니다. 한국의 대표적 성리학자였던 퇴계退溪 이황李滉과 율곡栗谷 이이李珥도 젊은 시절에 불교에 많은 관심을 기울였다고 하지요. 마찬가지로 성리학도 불교 머리를 가진 중국 사람이 중국인의 가슴에 가닿게끔 언어를 유교적으로 재조정한 것입니다. 불교의 핵심 사상이 '중도中道'인데 중국의 사서四書 중에 '중용中庸'이라는 책이 있지요. 사서는 오경五經을 읽는 지침서인지라 '사서, 즉 중도의 눈으로 오경을 보라'고 가르치는 셈이 되지요. 그것이 성리학의 기본 체계가 아닐까 추측해 봅니다.

이처럼 인도도 중국도 불교의 토착화 과정이 유사하게 진행되었습니다. 불교는 지혜의 가르침이니까 처음에는 불교의 원음이 머리로 파고 들어갑니다. 하지만 인간은 머리만으로는 살 수 없어서 언젠가는 그것을 가슴의 언어로 바꿉니다. 머리의 언어에서 가슴의 언어로 바뀌면서 체계도 바뀌어집니다. 전 세계적으로 그런 과정이 전개되어 왔는데 그것이 진리의 숙명이기도 합니다. 진리 그 자체는 딱딱하고 소화불량증을 일으키기 때문에 중생들에게 부담스럽습니다. 그런 대중에게 접근하기 위해서 그 지역의 특수성과 토착 문화에 불교를 접목하려는 시도가 광범위하게 이루어집니다. 고급문화가 대중과 접하려면 토착화가 되지 않으면 안 됩니다. 불교도 토착 문화와 접목하는 건 필연적입니다.

아마 유럽에서도 불교가 토착화되는 현상이 언젠가 본격적으로 나타날 겁니다. 인도의 힌두교, 중국의 성리학과 같은 현상이 유럽에서도 나타날 것이고 토착화 과정을 거치는 동안 수행 방법도 자연히 현지화 하겠지요.

불교의 토착화, 그것이 불교로서는 위기이기도 합니다. 토착화하는 과정에서 불법의 핵심이 변질될 위험이 커지기 때문입니다. 진리는 시공時空을 초월하는

데 토착화는 그 공간과 시간에 구애될 수밖에 없습니다. 진리가 심하게 토착화되면 보편성을 갖지 못하고 그 시공을 벗어나면 아무 힘이 없어집니다. 토착화를 통해 특정 시간과 공간에 깊이 접목되면 그 특수성만 남고 진리의 보편성을 상실하는 거지요. 진리의 가르침인 불교도 토착화의 위험성을 피할 수 없습니다. 그것이 불교 확산 과정에서 일어나는 가장 큰 위험입니다. 그러니까 이 과정에서 '눈을 크게 뜨고 살펴서 진리의 왜곡을 막자'는 노력도 당연히 일어나기 마련입니다. 불교 토착화에서 생기는 위험을 보고 부처님 원음을 되살리려는 끊임없는 노력이 불교 역사의 필연적인 양상이라고 하겠습니다.

4. 참고서는 덮으라

앞서 본 바와 같이 부처님 입멸 100여 년 후 부파불교部派佛敎가 생기면서부터 경전을 해석하는 다양한 입장들이 등장하게 되고 그것이 중국으로 들어가게 됩니다. 중국 선종에서 일단 '경을 덮어라.'라고 한 것은 어떤 측면에서 보면 수많은 경과 논서에 매몰되지 말고 부처님 근본 가르침으로 돌아가고자 하는 태도로 읽힐 수도 있겠습니다. 중국 선종이 경에 대해 가진 이러한 독특한 태도는 오늘날에도 주목할 만한 의미가 있다고 봅니다.

은연중에 팔만대장경 다 읽고 또 무수하게 나온 해

설서 많이 읽을수록 불교 체계에 제대로 접근할 수 있을 것이라고 생각하는 사람들이 있습니다. 하지만 그러한 태도는 부처님이 정말 원치 않으셨던 것입니다. 부처님은 대기설법對機說法을 하셨는데 만나는 사람마다 그때그때 근기根機에 맞게 필요한 법문을 하셨습니다. 그 법문 한 마디에 대오大悟한 각자覺者들이 많이 나오지 않았습니까? 그 사람들이 언제 팔만대장경을 읽었습니까? 부처님은 법을 많이 배우고 많이 말하기보다 단 하나의 게송만 기억할지라도 법을 몸으로 체득하고 온전히 이해하는 것이 중요하다고 말씀하셨습니다.[10]

---

10 에꿋다아나Ekuddāna 장로는 감흥어 게송 단 하나만 읊었지만 게송 안의 진리를 온전히 이해하여 아라한이 되었다. 《담마빠다 Dhammapada》 제19장, 게송 259.

부처님이 하신 법문들을 전부 보관한 것이 빠알리 삼장입니다. 부처님 말씀 어느 하나도 소홀히 하지 않으려는 노력이 거기에 담겨있습니다. 중생의 근기가 참으로 다양하기 때문에 그 다양한 사람들 근기에 따라 법문도 다양해질 수밖에 없지요. 마치 수없이 많은 그릇에 물을 담아놓으면 그릇마다 달을 비추어 내듯이 하나하나의 경 안에 부처님 가르침의 핵심이 오롯이 담겨 있습니다. 따라서 단 하나의 게송만일지라도 그 안의 진리를 온전하게 체득하는 것이 무엇보다 중요합니다. 빠알리 경 모두가 그러한 것임을 알고 공부 길에 나서야 하겠습니다. 바깥 경계에 매이던 습성 그대로 수많은 경을 읽어내야 한다는 강박관념에 매여서도 안 됩니다.

중언부언하는 게 되지만 선종에서 그렇게 경을 덮어

라 하는 데에는 그 나름의 역사적 이유가 있는 것입니다. 가장 큰 이유는 대승경전 그 자체에 있습니다. 사실 여러분이 아시다시피 대승경전이 어디 한두 권만 있습니까? 소위 말해서 팔만대장경이 있지요. 그런데 많은 경들이 "오로지 읽어라, 이 경만이 수승하다." 이럽니다. 심지어는 "이 경을 제대로 안 읽으면…" 하면서 은근히 사람에게 스트레스를 주는 경우까지도 있습니다.

수많은 대승경전의 숲속을 헤매다 보면 법등法燈을 밝히기는커녕 오히려 어두워져 버릴 수도 있습니다. 어떤 경을 보면 신심을 강조하고, 어떤 경을 보면 철학적인 이론을 내놓고, 어떤 경은 '이것도 좋고 저것도 좋다.'고 합니다. 그러니 나중에는 정말 부처님의 법등을 빌려서 앞을 바라보고 있는지 아니면 처음부터 어떤 사상으로 무장되어 버리는 건지 헷갈립니다.

　예를 들어 우리에게 친숙한 반야부의 공사상空思想[11]이라든가 법상종의 유식사상唯識思想이 있지요. 이런 사상들은 진리와는 차원이 다릅니다. 진리는 결코 사상이라 불릴 수 없습니다. 그런데 출가자가 강원講院에서 사상부터 배운다면, 사상으로 무장을 하고 사상으로 불교의 진리를 찾아 들어가는 셈입니다. 이렇게 이데올로기적으로 접근하는 자세는 지양해야겠지요. 그래서 조사祖師 스님들이 '경을 덮어라, 이데올로기나 배우는 그런 짓거리 하지 말라, 사상으로 무장하지 말라'고 하신 것이 아닌가 저는 그렇게 짐작해 봅니다.

11　일체개공一切皆空을 주장하는 공사상空思想은 대승불교大乘佛敎를 일관하는 기본 교의敎義 또는 사상임. 공사상은 대승불교가 흥기하게 되자 특히《반야경般若經》계통의 근본사상으로 강조됨.

한편 대승경전 중에 초기에 해당하는 경전이 반야부인데 그 반야부 경전이 나온 것도 부처님 돌아가시고 무려 오백여 년이나 지난 후의 일입니다. 오백 년을 내려오는 부처님 법이 엄연히 있고, 그 법을 그 시대 사람들에게 더 적절하게 납득시키고 발심시키려다보니 《반야경》 같은 경들이 나오게 된 것입니다. 《반야경》은 기왕에 전해져 온 부처님 근본 가르침을 어떻게 이해하고 어떻게 해석할 것인가를 담아낸 것으로 보아야 하겠습니다. 이렇듯 대승경전이 쓰여졌을 때 부처님 근본 가르침은 당연히 전제되어 있다고 봅니다. 어찌 보면 대승경전들 역시 그 시대의 아비담마라고 하겠습니다.[12]

---

12 활성 스님, 소리·열다섯 《담마와 아비담마》, 〈고요한소리〉 참조.

그러니 아함경은 보지 않고 대승경전만 읽는다면 이는 부처님의 근본 경전인 빠알리 경을 보지 못한 채로 후대에 쓴 아비담마만 보고 공부하는 격입니다. 말하자면 교과서는 안 보고 참고서만 보고 공부하는 전통이라 할 수 있지요. 그런 의미에서 선종의 조사 스님들이 '경을 보지 말고 덮어 두라.'고 한 것은 참고서를 덮으라는 것이지 교과서를 덮으라는 뜻이 아닌데도 역사적 맥락은 거두절미하고, '경은 무조건 안 보는 것'이라고 되어 버린 거지요. 참고서를 덮는 것은 좋은데 교과서마저도 덮는다면 부처님의 등불마저 빌리지 않는 것이니 결코 권할 일이 아닙니다.

5. 교과서는 펼쳐라

선종이 우리나라에 들어와서는 '경을 덮어라, 책을 보지 말라.'는 경향이 더욱 강화되었다고 할 수 있습니다. 부처님이 직접 설하신 빠알리 경마저 덮으라면 부처님의 뜻에 맞지 않는 것은 분명합니다. 부처님이 중생들에게 공부하는 길을 잘 가르쳐주시고자 법을 설하신 것 아닙니까. 그런데 그 법을 알기도 전에 경을 덮어 버린다면 부처님 가르침을 제쳐놓는 것이 되고 말지요.

부처님은 시공을 초월해서 모든 세대와 모든 문화권에 통하는 법을 설해 놓으셨습니다. 시대가 격변기일

수록 그 시대적 양상이 본원本原을 가리게 되므로 우리는 그 근원을 찾는 노력을 그만큼 배가하지 않을 수 없습니다. 이제는 빠알리 경전 속의 불법에 의지해서 공부해야 할 때가 된 것입니다. 부처님께 접근하여 직접 말씀을 듣는 노력을 해야 할 시대가 도래한 것입니다. 중국 선종이 오늘날 우리에게 주는 역사적 교훈이 만일 참고서는 덮고 교과서를 충실히 읽어야 하는 것이라면 더더욱 우리는 교과서를 찾아야 하지 않겠습니까? 근래 빠알리 경들이 소개되고 영어로도 우리말로도 옮겨지고 있습니다. 바야흐로 빠알리 경에 의거하여 부처님 원음을 직접 듣고 공부할 수 있는 바탕이 마련되고 있는 것입니다.

부처님 근본 가르침으로

지금 우리가 처한 이 변혁기는 단순히 사회적, 경제적 변혁기가 아니라 사상적, 문화적 변혁기입니다. 새로운 사고를 절실히 필요로 하기 때문에 종교나 이데올로기 모두에서 새로운 것을 찾아 몸부림치지 않을 수 없는 시대에 우리가 살고 있습니다. 인류의 지성은 더 창조적이고, 더 보편적이고, 더 합리적으로 나아가야 합니다. 그래야 지구촌 차원의 인류 대화합이 가능할 것입니다. 그렇지 못하고 안일하게 민족주의나 전통주의나 복고주의의 타성에 눌러 앉아 있으면 파국을 면치 못할 것입니다.

불교도 만일 하나의 종교로서 근본주의로 돌아가려 한다면 실패하기 마련입니다. 그러나 다행히도 불교는 종교가 아닙니다. 불교의 근본은 인간의 심성을 그대로 들여다보는 노력의 체계이지 한낱 종교적 의례의식에 안주하는 신앙 체계가 아닙니다. 그렇기 때문에 불교에서 근본으로의 복귀는 안일로 돌아가는 나태한 자세가 아니라 오히려 눈을 부릅뜨고 자기 내면을 들여다보는 치열한 노력으로의 복귀입니다.

눈을 부릅뜨고 자신을 들여다본다는 것은 말처럼 쉬운 일이 아닙니다. 하지만 그러한 노력을 통해야만 기존의 편견과 고정 관념을 벗겨내고 인간 심성의 원형을 찾아 이를 발전의 가능성으로 승화시킬 수 있습니다. 이런 노력이 아니면 지금의 급변기를 감당할 수 없습니다. 근본으로의 복귀는 과거로의 복귀가 아니라 인간 향상을 지향하는 가장 적극적인 자세입니다. 그런 의미에서 역사의 때[垢]가 묻지 않고 지역의 때가 묻

지 않은 부처님 가르침의 근본으로 복귀하는 것이 반
드시 필요합니다.

　부처님 가르침인 법을 담은 원초의 경은 더 이상 보
탤 말도 뺄 말도 없이 완벽합니다. 그런데 그 경을 해석
하고 부연하는 데서 왜곡되는 부분이 뒤섞여 들어갑니
다. 그게 인간지사人間之事이기도 하지요. 중생들이 어
려워하고 부담스러워하는 진리를 설명하다 보니 방편
을 쓰게 됩니다. 방편을 많이 쓰다 보면 나중에는 본래
의도는 어디 가버리고 방편만 남습니다.

　새로운 것을 요구하는 이 시대에 와서 사회 조직들
도 잔가지와 군살 다 빼고 능률적이고 체계적인 새 모
습으로 살아남으려고 애씁니다. 그렇듯이 우리 불교도
덕지덕지 붙어있는 왜곡된 잔가지와 군더더기 살을 많

이 빼야 되겠지요. 군살을 빼고 부처님의 원래 가르침으로 복귀하려면 그동안 형성된 갖가지 전통에 대한 날카로운 비판적 자세가 요구되는데 이것이 생각만큼 쉽지 않은 일입니다.

예를 들어 경에 보면 비구니 담마딘나*Dhammadinnā*가 부처님 가르침의 핵심인 팔정도八正道를 계·정·혜戒定慧, 삼학三學으로 풀었습니다.[13] 부처님이 팔정도를 바른 견해[正見], 바른 사유[正思], 바른 말[正語], 바른 행위[正業], 바른 생계[正命], 바른 노력[正精進], 바른 마음챙김[正念], 바른 집중[正定]으로 말씀하셨습니다. 그런데 계·정·혜, 삼학으로 줄인 것이 그 후에 일반적 경향이 되어 버렸습니다. 팔정도 여덟 항목에 비하면 계·

---

13 《중부》, 44 〈교리문답의 짧은 경*Cūḷa vedalla Sutta*〉.

정·혜, 삼학은 간단명료해서 좋아 보이지요. 그러나 삼학은 삼학대로 팔정도는 팔정도대로 용처가 다릅니다. 왜 부처님이 굳이 여덟 항목을 말씀하셨겠습니까?

부처님은 방편적 이해가 그런 식으로 나올 것을 예상하셔서 팔정도를 사성제四聖諦에 넣으셨습니다. 사성제는 진리입니다. 연기緣起도 진리의 반열에 들지만 그러나 십이연기를 부처님이 진리라고 규정하신 적이 없습니다. 하지만 팔정도는 〈초전법륜경初轉法輪經〉에서부터 진리로 딱 못을 박고 계십니다. 그에 비하면 계·정·혜, 삼학은 진리로 나아가기 위한 장치입니다. 따라서 팔정도와 삼학을 동일시해서는 안 될 것입니다.

지혜제일인 사아리뿟따 존자의 예도 그러합니다.

한번은 브라만 다아난자아니*Dhānañjāni*[14]의 임종 자리에 사아리뿟따 존자가 방문했는데 존자는 브라만들은 범천에 다시 태어나기를 바란다고 생각하고 죽어가는 사람이 범천에 이르도록 자·비·희·사慈悲喜捨의 사무량심四無量心을 설했지요. 하지만 해탈의 길은 가르치지 않은 채 설법을 마쳤고 브라만 다아난자아니는 범천에 다시 태어났던 겁니다. 부처님은 이 사실을 아시고 윤회를 끝낼 수 있는 사람에게 가르쳐 줄 것이 더 있었는데 그 곁을 떠나왔다고 사아리뿟따 존자를 나무라셨지요. 이 이야기에서 부처님은 다아난자아니가 더 높은 가르침을 받아들일 준비가 되어 있음을 아셨던 반면 사아리뿟따 존자는 중생의 근기를 알아보는 부처님의 혜안에 미치지 못했다는 것을 보여줍니다.

---

14 《중부》, 97 〈다아난자아니 경*Dhānañjāni Sutta*〉.

이런 차이는 마하목갈라아나 존자의 예도 마찬가지입니다. 경에 신통제일 마하목갈라아나 존자가 아무리 많은 과거 생을 본다 해도 전생을 무한대로 보시는 부처님의 신통력과는 차이가 크다고 나옵니다.[15] 아라한이라 해서 지혜가 똑같지 않습니다. 사아리뿟따도 대기설법을 하였지만, 부처님처럼 원용하지는 않고 부처님 말씀과 조금씩 차이가 있지 않을까 합니다.

여러분은 감히 사아리뿟따에 대해 이렇게 말할 수 있는가 하고 의아하게 생각하겠지요. 하지만 이 정도의 비판적 태도를 취하지 않고서야 지금 같은 시대에 어떻게 부처님 가르침의 근본으로 돌아가는 험난한 과

---

15 '두 상수제자(사아리뿟따와 마하목갈라아나 존자)는 1 아승기, 10만 겁을 본다. 그러나 부처님들은 원하는 데까지 보신다.' 빠알리 《율장 주석서*Samantapāsādikā*》 1권, 161쪽.

제를 시도해 볼 수 있겠습니까.

부처님은 완전한 지혜 자체이십니다. 지혜와 부처가 구분이 되지 않습니다. 부처님은 이름 그대로 붓다, 즉 깨달은 이, 지혜의 완성자, 무상정등각자無上正等覺者이십니다. 그러니까 아무래도 부처님과 제자들의 지혜와 능력에는 차이가 날 수밖에 없다고 보여 집니다. 제자가 부처님의 가르침에 의지해 탐·진·치貪瞋癡를 멸하면서(阿羅漢道) 아라한의 경지에 이르렀을지라도(阿羅漢果) 부처님의 지혜와 능력에는 미칠 수 없는 겁니다. 따라서 아라한들이나 아라한의 가르침에 의지해 후대의 논서나 저술들을 경전과 동일 선상에 세울 수는 없겠지요.

부처님 가르침을 담은 경과 후대의 논저들이 얼마나 가까운지 먼지를 재는 하나의 척도로 이론과 실천으로 양분하는 경향이 얼마나 큰가를 살펴보는 것도 한 방법이 될 수 있지 않을까 합니다. 시대가 내려올수록 이론과 실천을 양분하는 경향이 심화되어 불법에 대해서도 그런 태도를 취하는 경향이 뚜렷해졌습니다. 저는 이렇게 이론과 실천을 양분하는 자세가 부처님의 근본 가르침을 대하는 태도로 적절한지 의심하게 됩니다. 오히려 중도中道에 입각해서 이 양분화兩分化를 극복하고 융합하는 자세가 위주로 되어야 하지 않을까 생각하기 때문입니다. 진리의 길을 가려면 이론과 실천이 하나여야 하고 하나일 수밖에 없습니다. 이론을 이해하는 것, 그것이 실천이고 실천의 생활화가 바로 이해의 심화가 되어야 옳겠지요. 경Nikāya은 읽는 것 그 자체가 실천 의욕을 북돋우는 힘이 큰 데 반해 후대의 논서나 저술들은 이론을 위한 이론에 그치는 경우가 많다고 생각되니까요.

부처님 근본 가르침으로 돌아가기 위해서는 그밖에도 살필 것이 많이 있을 겁니다. 그 중의 하나가 부처님을 대하는 우리의 자세입니다. 이제 우리는 부처님을 신격화하는 자세를 극복하고, 부처님의 위신력에 의존하는 태도부터 지양해야 할 필요가 절실합니다. 부처님이 '법등명法燈明, 자등명自燈明'[16], 즉 법法에 의지하고 스스로에 의지하라고 하셨지요. 이 말씀은 법이 부처님 당신을 대신한다는 뜻이요, 법이 능히 부처님의 대역을 수행하는 지혜의 총화라는 사실을 말해주는 것이라 봅니다. 불·법·승佛法僧, 삼보三寶[17], 즉 스

---

16 "그러므로 아아난다여, 자신을 섬으로 자신을 귀의처로 삼으라, 남을 귀의처로 삼지 말라, 법을 섬으로 법을 귀의처로 삼으라, 남을 귀의처로 삼지 말라.

 Tasmātihānanda, attadīpā viharatha attasaraṇā anaññasaraṇā, dhammadīpā dhammasaraṇā anaññasaraṇā."《장부》, 16 〈대반열반경〉, PTS, II권, 100쪽.

17 활성 스님, 소리·열셋《우리 시대의 삼보》, 〈고요한소리〉 참조.

승과 가르침과 배움, 이 세 보물이 고르게 갖추어진다
면 어느 시대 어느 장소에서나, 어떤 문화에서나 삼보
가 진정한 보물로서의 가치를 발하게 되지 않을까 합
니다.

빠알리 경을 의지처로

여러분, 〈까알라아마 경〉[18]아시지요. 부처님은 그
경에서 권위에 맹종하는 것을 경계하라고 당부하십
니다. 전통은 권위라는 살을 찌우지요. 제가 《담마
*Dhamma*와 아비담마*Abhidhamma*》[19]에서

---

18 《증지부》, 3:65 〈까알라아마 경 〉, I 권.
19 활성 스님, 소리·열다섯 《담마와 아비담마》, 〈고요한소리〉 참조.

부처님 분상에서 당신이 깨달으신 진리를 설하신 것, 그것이 담마인데 제자들이 그걸 받아들여서 이해하고 활용하고 또 적용할 때, 그 분상에서의 담마가 아비담마이다.

라고 했습니다. 그 입장에서 말하자면 대승경전들도 그 시대의 아비담마이고 아비담마는 바로 전통과 관련이 있습니다. 아비담마란 그 시대 그 장소에서의 부처님 법에 대한 이해를 말하는데 그 아비담마에 권위가 붙으면 살아있는 아비담마가 아니라 경직화되고 화석화된 아비담마가 되어 버립니다.

수행이란 경직화되는 것을 끊임없이 거부하고 살아있는 현실을 '있는 그대로' 보는 자세에 입각해 새 아비담마를 창조해 나가는 것입니다. 이런 점에서 볼 때 이론과 실천을 양분하는 것은 경직화를 촉진시키는 사고 성향이 되기 쉽지요. 더욱이나 우리가 경을 볼 때 권위주의를 벗어나야 한다는 것은 이 시대의 긴요한 요청입니다. 부처님 근본 가르침으로 돌아가지 않으면 달리 길이 없기 때문입니다. 따라서 무조건 '아라한이 니까 지고지대한 지혜의 완성자다.' 이런 식으로 보는 태도는 반드시 지양해야겠다는 겁니다. 탐·진·치를 멸한 만큼 아라한이 되어가는 것입니다.

우리도 윤회를 벗어날 잠재력을 가진 사람으로 태어났습니다. 사람으로서 부처님 법을 만났으니 윤회를 벗어날 가능성을 가진 존재입니다. 그런 입장에서 윤회를 벗어날 때를 조금이라도 앞당기려면 일단 권위주의부터 청산하는 것이 급선무입니다. 그러려면 각자가 권위주의적 해석에 지배되고 있지는 않은지 스스로 점검이 필요하다는 겁니다. 권위주의로 점철된 것은 제거하고, 비판적 안목을 세워서 왜곡된 부분을 과감하게 잘라내는 기백을 갖지 않으면 이 시대를 사는 의미가 없습니다. 지금은 열린 마음을 요구하는 시대입니다. 그래서 사아리뿟따처럼 위대한 분의 권위라 할지라도 비판적으로 검토해 보는 시도를 할 수 있지 않을까요.

경을 보는 데 있어서 핵심은 과거의 권위에 의존하지 않고 여러분 스스로가 이해하고 판단해야 한다는 것입니다. 경은 여러분의 향상을 위해 유용하게 쓰여야 합니다. 전통에 길들여져 치우친 눈을 벗어나 새로운 안목으로 경을 보십시오. 경을 보다보면 고개를 갸우뚱하게 만드는 구석도 있습니다. 그런 것들에 대해 '이상하다, 이상하다.' 하면서 참구해 들어가면 스스로 눈이 확 열리는 순간을 만날 수 있고, 그리하여 '실로 경이 깊구나.' 하고 깨달을 수 있습니다.

이렇게 말하면 오히려 경전의 권위를 강조하는 꼴
이 될 수도 있습니다. 경이 깊다니 도대체 얼마나 깊다
는 것인가. 근거 없이 깊다는 말을 하는 것이 아닙니다.
구체적 예를 들겠습니다. 중국에서 세계는 천하天下입
니다. 사방천하가 그들의 우주입니다. 거기에다 태상
노군과 옥황상제[20] 같은 권위가 설정되어 엉성하게나
마 중국식의 우주관을 형성합니다. 평면적 세계관이
라 할 만큼 우주관으로서 갖추어야 할 입체적 측면에
서 너무나 어설픈 우주관에서 그치고 맙니다.

---

20 태상노군은 '도가道家'의 개조開祖이며, 본명은 이이李耳로 전국戰
   國 시대 초기(B.C. 5세기~B.C. 4세기 전반)에 실재했던 인물이다. 일
   반적으로 노자라는 이름으로 널리 알려져 있다. 옥황상제는 옥황
   玉皇·천황天皇·옥제玉帝라고도 한다. 도가의 신 가운데 하늘의 최
   고 통치자이다.

서양의 우주관 역시 요즈음 신과학이나 양자과학에서 말하는 극대와 극미의 우주, 다크메타·다크에너지와 다중우주론 등을 논하고 있습니다. 이 서양의 다중우주론과 다차원세계관 등은 호방한 우주관을 지향하는 느낌을 주지만 물질적 세계관에서 벗어나지 못해 오히려 좁고 얕은 감이 있습니다. 요즈음 명상문화를 도입, 이에 편승하여 이 문제를 극복하려 노력하고 있는 조짐은 보이나 오히려 힐링에 치중하는 듯하여 아직도 제대로 방향을 잡지 못해 우주관이 제공해야 할 기본적 가치관 형성은 가능할는지 미지수입니다. 특히나 서양의 우주관은 그 속에 인간의 위치가 불분명합니다. 인간과 유리된 우주관은 아무리 정교하고 과학적으로 다듬어진다 해도 인간이 필요로 하는 안정감과 평안함을 제공하지 못하는 한 그 기본적 약점을 과연 해결할 수 있을까요.

이에 비해 불교의 우주관은 인간 중심의 우주관입니다. 불교의 세계관은 인성人性의 세계관, 윤리 중심의 세계관입니다. 구체적으로는 욕계欲界, 색계色界, 무색계無色界, 삼계론三界論입니다. 그 중 욕계는 인간계가 중심축이 되어 윤리적인 면, 다시 말해 탐·진·치貪瞋癡의 비중에 따라 탐욕업貪慾業이 심하면 아귀계, 진심업瞋心業이 심하면 아수라계, 치암업癡暗業이 심하면 축생계에 태어납니다. 이 탐·진·치 모두 또는 그 중 어떤 업이 매우 지중하면 지옥계에 떨어지지요. 한편 선업善業이 두터워 윤리적 향상이 이루어지면 욕계 천상에 태어납니다. 이것이 욕계의 구도입니다.

그리고 인간 몸 받았을 때 팔정도를 알게 되어 바른 집중, 정정을 닦기에 이르면 그 향상의 정도에 따라 사선四禪을 차례로 성취하여 누립니다. 이것이 색계의 구도입니다. 그런데 계·정·혜戒定慧가 균형 있게 이루어지지 못하고 정定에 치우치면 아알라아라 깔알라아마, 웃따까 라아마뿟따처럼 무소유처정無所有處定과 비상비비상처정非想非非想處定에 들게 되며 여기에 육대六大[地水火風空識]의 공空과 식識이 정定의 처處를 이루면 사무색정처四無色定處가 되어 무색계가 형성됩니다. 이렇듯 색계, 무색계의 정의 세계는 말할 것도 없고 욕계의 천상과 악도惡道도 모두 인간의 업이 결정하는 세계입니다. 그러므로 삼계가 바로 인간의 세계인 것입니다.

인간이 불법을 만나 팔정도를 닦으면 정에서 혜慧가 나오고 혜에서 혜해탈慧解脫이 나오고 다시 혜해탈이 열반의 기반이 됩니다. 열반을 이루면 인간은 삼계를 벗어나 대자유인, 즉 인간의 완성을 이루는 것이고 인간과 우주 법계와 진리가 실체로서 확립되는 것입니다. 그러므로 불교의 세계관이야말로 인간에 의한, 인간을 위한, 인간의 세계관이라 할 것입니다. 불교경전은 이러한 인간관, 우주관, 세계관을 담고 있습니다. 따라서 우리는 '불교경전이야말로 참으로 깊고 크다.'고 안심하고 자신 있게 말할 수 있는 것입니다.

우리는 지금부터 경에 대해서도 경직된 눈길을 풀어 나갑시다. 경을 숭배처로 삼기보다는 벗처럼 편안한 의지처, 즉 섬dīpa으로 삼자는 겁니다. 물에 빠져 헐떡거리며 고생하다 섬에 올라서면 얼마나 편안합니까. 그처럼 불법을 안전한 장소로 대하자는 것입니다. 그 섬은 어머니 품보다 넓고 아량도 커서, 거기에다 대고 어리광을 부려도 되고 내 나름대로 도전을 해봐도 됩니다. 그래도 부처님 법은 변함없이 여여如如합니다. 여러분, 부디 부처님 근본 가르침인 빠알리 경을 편안한 도반으로 벗으로 삼고 의지해서 향상을 이룩해내기 바랍니다.

―――― 말한이 **활성** 스님

1938년 출생. 1975년 통도사 경봉 스님 문하에 출가.
통도사 극락암 아란야, 해인사, 봉암사, 태백산 동암, 축서사 등지에서
수행정진. 현재 지리산 토굴에서 정진 중. 〈고요한소리〉 회주

―――― 엮은이 **김용호** 박사

1957년 출생. 전 성공회대학교 문화대학원 교수 (문화비평, 문화철학).
〈고요한소리〉 이사

─── 〈고요한소리〉는

- 붓다의 불교, 붓다 당신의 불교를 발굴, 궁구, 실천, 선양하는 것을 목적으로 설립되었습니다.

- 〈고요한소리〉 회주 활성스님의 법문을 '소리' 문고로 엮어 발행하고 있습니다.

- 1987년 창립 이래 스리랑카의 불자출판협회BPS에서 간행한 훌륭한 불서 및 논문들을 국내에 번역 소개하고 있습니다.

- 이 작은 책자는 근본불교를 중심으로 불교철학·심리학·수행법 등 실생활과 연관된 다양한 분야의 문제를 다루는 연간물連刊物입니다. 이 책들은 실천불교의 진수로서, 불법을 가깝게 하려는 분이나 좀 더 깊이 수행해보고자 하는 분에게 많은 도움이 될 것입니다.

- 이 책의 출판 비용은 뜻을 같이하는 회원들이 보내주시는 회비로 충당되며, 판매 비용은 전액 빠알리 경전의 역경과 그 준비 사업을 위한 기금으로 적립됩니다. 출판 비용과 기금 조성에 도움 주신 회원님들께 감사드리며 〈고요한소리〉 모임에 새로이 동참하실 회원을 기다리고 있습니다.

- 〈고요한소리〉 책은 고요한소리 유튜브(https://www.youtube.com/c/고요한소리)와 리디북스RIDIBOOKS를 통해 들으실 수 있습니다.

- 카카오톡 채널(https://pf.kakao.com/_XIvCK)을 친구 등록 하시면 고요한편지 등 〈고요한소리〉의 다양한 소식을 받으실 수 있습니다.

◦ 〈고요한소리〉 홈페이지 안내

  – 한글 : http://www.calmvoice.org/

  – 영문 : http://www.calmvoice.org/eng/

◦ 〈고요한소리〉 회원으로 가입하시려면 이름, 전화번호, 우편물 받을 주소, e-mail 주소를 〈고요한소리〉 서울 사무실에 알려주십시오.
(전화: 02-739-6328, 02-725-3408)

◦ 회원에게는 〈고요한소리〉에서 출간하는 도서를 보내드리고, 법회나 모임·행사 등 활동 소식을 전해드립니다.

◦ 회비, 후원금, 책값 등을 보내실 계좌는 아래와 같습니다.

국민은행	006-01-0689-346
우리은행	004-007718-01-001
농협	032-01-175056
우체국	010579-01-002831
예금주	**(사)고요한소리**

━━━ 마음을 맑게 하는 〈고요한소리〉 도서

금구의 말씀 시리즈

하나	염신경念身經
둘	초전법륜경初轉法輪經
	초전법륜경初轉法輪經 (확대본)
	초전법륜경初轉法輪經 (독송본)

소리 시리즈

하나	지식과 지혜
둘	소리 빗질, 마음 빗질
셋	불교의 시작과 끝, 사성제 - 四聖諦의 짜임새
넷	지금·여기 챙기기
다섯	연기법으로 짓는 복 농사
여섯	참선과 중도
일곱	참선과 팔정도
여덟	중도, 이 시대의 길
아홉	오계와 팔정도
열	과학과 불법의 융합
열하나	부처님 생애 이야기
열둘	진·선·미와 탐·진·치

법륜 시리즈

보리수잎 시리즈

붓다의 고귀한 길 따라 시리즈

단행본

소리·스물하나

빠알리 경, 우리의 의지처

초판 1쇄 발행 2020년 5월 20일
초판 2쇄 발행 2024년 8월 15일

말한이   활성
엮은이   김용호
펴낸이   하주락·변영섭
펴낸곳   (사)고요한소리

등록번호   제1-879호 1989. 2. 18.
주소   서울시 종로구 인사동길 47-5 (우 03145)
연락처   전화 02-739-6328 팩스 02-723-9804
            부산지부 051-513-6650   대구지부 053-755-6035
            대전지부 042-488-1689 광주지부 02-725-3408
홈페이지   www.calmvoice.org
이메일   calmvs@hanmail.net
ISBN   978-89-85186-30-8 02220

            값 1,000원